J.-M. MARTIN

PRINCIPES

D'UN

GOUVERNEMENT LIBRE

PARIS

E. LACHAUD, LIBRAIRE-ÉDITEUR

4, PLACE DU THÉATRE-FRANÇAIS, 4

1871

ESSAI

SUR LES PRINCIPES

D'UN

GOUVERNEMENT LIBRE

Le pays, rendu à lui-même, va être appelé à refaire ses institutions. Après le règne de la force et de l'arbitraire va
enfin venir le règne du droit et de la justice, j'en ai la douce
espérance. La voix du canon a cessé de se faire entendre ;
puisse la France ne plus écouter que celle de la raison ! Le
présent est compromis; de bonnes institutions peuvent sauver
l'avenir. Je dirai à nos futurs constituants : Vous avez entre
les mains le sort de la France, la prospérité de trente-huit
millions d'hommes, dans un moment critique où il n'y a plus
de fautes à commettre sans voir périr la France ; une impru-
dence même peut compromettre son salut. Cessez vos divisions, faites taire les mauvaises passions, oubliez vos intérêts particuliers pour ne songer qu'au bonheur du peuple
français et à la grandeur de la patrie. Elevez vos cœurs,
unissez vos âmes dans la justice. En faisant ce qui est juste,
soyez certains de faire ce qui est vraiment utile. Soyez hon-
nêtes et convaincus. Celui qui n'aurait pas assez de discernement pour s'être fait ses convictions, devrait céder la place,

ne fût-ce que par amour de son pays. Ne soyez pas non plus assez vains pour rechercher la réputation d'habileté qui souvent ne s'obtient qu'au détriment de l'honnêteté. Cette satisfaction ne peut convenir qu'à des esprits étroits et égoïstes. Dans une circonstance aussi solennelle, il est du devoir de tout Français d'apporter à l'œuvre commune tout ce qu'il a de lumière et d'expérience. Je commencerai par cette profession de foi, que, admettant toutes les formes du gouvernement libre, c'est-à-dire du gouvernement où la nation se gouverne elle-même, je repousse avec horreur toutes les formes du despotisme : aussi bien le despotisme monarchique que le despotisme de la foule, qui est encore le pire de tous les despotismes, et je donne toutes mes préférences à une monarchie constitutionnelle.

C'est pénétré de ces sentiments que je viens exposer quelques considérations sommaires sur ce que doivent être les institutions dans un gouvernement libre. Je les livre sans prétention à la critique que j'appelle de tous mes vœux ; je ne tiens qu'à la réputation d'avoir simplement mais consciencieusement accompli un devoir. Chère France, plût à Dieu que j'eusse fait quelque chose d'utile pour ta gloire ! j'en serais trop récompensé.

LA SITUATION

La France devenue suspecte à Napoléon III, qui, par la fraude, j'allais dire par le crime, était devenu son maître, a été entraînée par d'odieux mensonges à entreprendre sans préparation une guerre contre la Prusse, guerre dans laquelle notre armée a succombé devant des forces triples, préparées de longue main, mais non sans avoir maintenu intacte l'antique réputation de la valeur française. Pour expliquer le fatal aveuglement qui a accompagné les commencements de cette guerre, où le pouvoir devait sombrer et la France tant souffrir, on ne peut trouver d'autres raisons que la suivante : Le moment de la justice de Dieu était arrivé. Le gouvernement du 4 septembre, dont la légitimité était d'ailleurs contestable, n'a pu, même au prix des plus grands sacrifices du pays, conjurer aucun des désastres, conséquence de notre défaite. Cette France si généreuse, qui, par sa résistance glorieuse, quoique désespérée, aurait dû inspirer quelques sympathies, a été froidement dépouillée par son vainqueur, aux yeux de deux souverains, qui, alors maîtres des destinées de l'Europe, ont laissé s'accomplir, peut être encouragé la plus odieuse des spoliations. Le bon sens serait-il disparu des cours européennes? Sans doute l'histoire saura faire retomber sur ces deux souverains la part de responsabilité qu'ils ont assumée dans la perpétration de cet attentat,

qui pourrait mettre un terme à la civilisation si la justice
pouvait succomber. Pour nous qui tenons de foi certaine, que
rien d'injuste ne se fera impunément, plus ces princes ont
déserté leur mission, plus nous devons avoir confiance. A
tous ces désastres il faut ajouter ceux de la guerre civile
qu'avaient préparée la corruption du dernier règne et l'absence de principes, et que la sagesse du gouvernement de
M. Thiers n'a pu éviter. La France saura-t-elle tirer de son
malheur même d'utiles enseignements ? La France catholique et libérale comprendra-t-elle enfin qu'elle ne peut rien
attendre, contre la Prusse puissamment armée, de la Russie
despotique et schismatique, ni de l'Angleterre protestante
et marchande, qui ne peut encore nous pardonner cette belle
conquête de nos rois, la conquête de cette Algérie, qui est
presque une nouvelle France par l'étendue de son territoire, et
qui doit le devenir par le cœur, par une bonne politique.

Que la France, qui a eu tant à souffrir de ces faux principes
de grandes agglomérations, de nationalités, d'abstention, etc.,
reprenne enfin sa politique traditionnelle. Qu'elle se sou-
vienne que, malgré ses convulsions déréglées, elle est encore
en Europe la plus haute représentation du droit et de la
liberté. C'est encore vers elle que tous les peuples asservis
portent leurs regards, leurs cœurs et leurs espérances. Elle
comprendra ainsi l'utilité de s'assurer un gouvernement
libre. Que la France reconnaisse aussi que l'indifférence est
toujours impuissante, et qu'un peuple n'est puissant qu'en
raison de sa foi vraie ou fausse, elle saura redevenir croyante
et religieuse. Je ne peux d'ailleurs trop insister sur cette
vérité si éclatante dans l'histoire : Dites-moi ce qu'un peuple croit, je vous dirai ce qu'il est. Mais si la foi est toujours
féconde, la vraie foi seule peut produire des œuvres dura-
bles. Que la France prenne donc hardiment en mains ces
deux drapeaux qu'elle seule a le droit de porter à la tête des

nations civilisées : Dieu et liberté. La France catholique peut-elle d'ailleurs être insensible à l'influence que peut lui apporter la protection de la religion catholiqué, qui commande encore deux cents millions d'hommes, seule religion que puisse admettre un esprit éclairé, et qui se montre si unie et si puissante, alors que les sectes protestantes se dissolvent dans. l'anarchie. Pour son complet triomphe, il ne lui faut plus que la liberté. La France, ainsi pourvue d'un gouvernement libie et religieux, ne tardera pas à reconquérir sa place dans le monde. Ses triomphes seront bénis de tous les peuples, car ce seront les victoires mêmes de l'humanité et de la civilisation vraie sur le despotisme et la barbarie. La France religieuse, bien qu'encore toute remplie des horreurs d'une guerre criminelle, ne se laissera pas entraîner à des idées de réaction qui feraient sa perte, en amenant une révolution certaine, si elle n'amenait pas une terrible jacquerie entre les villes et les campagnes. Nous avons trop vu la bête à l'œuvre pour ne pas désirer ardemment le règne de l'intelligence.

DE L'AUTORITÉ

Je ne m'arrêterai pas à prouver que l'autorité, fondée sur les besoins de l'homme de vivre en société, est nécessairement d'institution divine, et que c'est ainsi un devoir religieux d'obéir aux pouvoirs légitimement établis ; je veux seulement ici présenter quelques considérations pratiques. Personne ne conteste qu'une des plus grandes causes de faiblesse pour la France ne soit son manque de respect pour l'autorité. Mais on peut aussi ajouter avec autant de vérité que rarement en France l'autorité est placée en des mains légitimes. En haut, l'autorité s'obtient par des coups d'Etat et se conserve par la corruption, en deversant sur des médiocrités facilement corruptibles les faveurs dont celles-ci manquent rarement d'être reconnaissantes. Les examens et les concours sont abolis, le savoir-faire a remplacé la science. Les lieux de travail sont déserts, les antichambres par contre regorgent de solliciteurs. L'indépendance accompagnant toujours le vrai mérite rend celui-ci suspect, la modestie le tient à l'écart. La vertu, rarement récompensée, est souvent abaissée, une basse jalousie éloigne les talents. Les caractères s'éclipsent. Le niveau intellectuel et moral baisse. Mais survienne un moment difficile, tout s'écroule. Tous ces chargés de pouvoir qui n'avaient d'autre titre qu'une recommandation, et qui, arrivés seulement par le bon plaisir de l'autorité supérieure, ne sont pas à la hauteur de leurs fonctions, sont chassés. Le pays cependant qui désire se sauver cherche en vain des capacités, mais elles ont été éloignées et ne sont pas d'ailleurs au courant des affaires. C'est alors qu'on le voit, las de chercher des hommes capables, se jeter même sans espoir entre les mains du premier venu qui ose promettre de le sauver. Et la France en a trop connu de ces sauveurs qui réussissent quelquefois à persuader qu'ils sont nécessaires, même en embrouillant les situations, et elle les a toujours vus exercer le pouvoir le plus despotique, appelant tout contrôle des tracasseries et le repoussant au nom du salut public qu'ils arrivent toujours à compromettre par des plans connus d'eux seuls. Car ces sauveurs ont toujours des plans que le pays devrait connaître, tellement ils sont simples et toujours les mêmes : ils consistent à sauver leurs intérêts et ceux de leurs amis de la ruine générale où ils plongent le pays.

Un caractère de ces sauveurs est de pousser le pays dans toute sorte de compromis où ils peuvent être quelque chose, ne pouvant consentir à accepter la place légitime due à leur seul mérite. Un caractère encore de ces hommes nécessaires est de marquer leur despotisme par l'apparence d'un dévouement absolu à la chose publique qu'ils ne cessent d'exalter dans chacun de leurs discours. S'ils sont ministres, généraux, même sans aucune notion militaire, c'est par dévouement, du moins ils l'assurent. Lorsqu'ils ont conduit le pays aux abîmes, la plupart s'en vont aisément, d'autres se cramponnent au pouvoir, avec la plus grande impudence, et il faut une sentence pour les éloigner. Qu'à l'avenir Dieu nous préserve de tels scandales ! Mais il faut d'abord que la France se donne un pouvoir légitime, qui seul puisse distribuer à chacun suivant son mérite, et qui a d'ailleurs tout intérêt à chercher les hommes capables et à s'en entourer. Seul aussi, en récompensant justement le travail, il peut faire renaître la science et la civilisation. Seul encore, il peut quelquefois faire taire la justice pour la charité qui est une vertu chrétienne. S'il est incontestable que les titres qui doivent recommander quelqu'un pour arriver au pouvoir soient le mérite et la vertu, les services rendus et l'aptitude à remplir dignement la charge qui lui est confiée, on ne peut non plus contester qu'à la nation seule appartient le droit d'en apprécier la valeur. Le pouvoir vient de Dieu, les souverains viennent du peuple.

DE LA SOUVERAINETÉ NATIONALE.

Si la raison démontre que c'est au peuple à choisir ses fondés de pouvoir, il est indispensable d'examiner les conditions dans lesquelles doit s'exercer le droit de suffrage. Le suffrage étant la manifestation de la volonté du pays, doit être libre, éclairé et sincère. Le suffrage universel devant être libre, il faut le refuser à l'armée, tant dans l'intérêt de la discipline que dans l'intérêt de la chose publique. Le gouvernement doit aussi s'opposer à toute immixtion de l'administration, soit pour diriger, soit pour influencer les élections. Reconnaître au gouvernement ce droit d'immixtion, ne serait-ce pas lui reconnaître le droit de détruire par la fraude un principe reconnu nécessaire et qu'il n'oserait attaquer violemment? La conscience proteste. Quant à moi, j'aimerais mieux voir abolir le suffrage universel que le voir corrompre. Si la bonne foi devait disparaître de partout ailleurs, elle devrait encore se trouver avec l'autorité. Le rôle du gouvernement doit consister à assurer la complète liberté des élections. Une autre mesure nécessaire pour assurer la liberté du suffrage, c'est de ne confier la présidence du bureau qu'à des élus et jamais à des fonctionnaires. Ainsi, dans une monarchie où les maires seraient nommés par le pouvoir, ce serait au président du conseil municipal que devrait être confiée la présidence du bureau. Le maire ni ses adjoints ne devraient en faire partie dans aucun cas, quand même ils seraient choisis dans le conseil municipal. L'indépendance du suffrage, aussi bien que la dignité des maires, n'ont qu'à gagner à cette mesure, qui aurait encore l'avantage d'éloigner des maires nommés par le pouvoir, un des plus légitimes sujets de défiance. Pour assurer le secret et en même temps l'indépendance du vote, le gouvernement ne devrait établir aucune circonscription électorale de moins de trois mille habitants. Si je fixe ce chiffre assez bas, c'est que tout en blâmant le vote dans les petites communes, je ne puis non plus admettre le vote au chef-lieu de canton, qui aurait l'inconvénient d'éloigner du scrutin un grand nombre d'électeurs, surtout dans les campagnes. Des divisions plus petites ne pourraient avoir lieu que pour les élections municipales. Quant aux sections dans une même commune, elles sont indispensables là où des agglomérations distinctes ont des intérês opposés dans le suffrage universel tel qu'il est établi en France. Dans le suffrage accumulé, au contraire, dans aucun cas, il ne serait nécessaire d'établir de sections dans la même commune, sections qui sont souvent faites de la manière la plus arbitraire, quand elles n'étaient pas, comme sous l'Empire, faites dans l'intérêt d'un personnage quelconque. Le suffrage accumulé, que j'adopte complétement, remédie par lui-même à tous ces inconvénients. Il ne faut cependant pas perdre de vue que le vote est d'autant plus libre, que la circonscription électorale est plus étendue.

Une autre disposition indispensable pour assurer l'indépendance du suffrage, c'est d'établir des circonscriptions fixes. Dans l'intérêt du suffrage, comme dans celui d'une bonne décentralisation, il est urgent de remanier complétement nos divisions administratives. Il est, d'ailleurs, devenu évident à tous les yeux que bien des institutions qui ont pu être nécessaires sont devenues trop multipliées, et que par suite des facilités de communication, il est possible d'en sup-

primer beaucoup, au grand profit du Trésor et sans nuire aux
intérêts d'une bonne administration. Que de fonctions en
France qui sont presque des sinécures ! La France a beaucoup trop de fonctionnaires à payer ; il est urgent d'en supprimer un grand nombre. Une des réformes les plus utiles
que puisse accomplir notre Constituante, serait certainement
d'établir une bonne division administrative de la France, qui
permettrait de supprimer bien des rouages inutiles, tout en
lui conservant cette unité politique qui fait sa force et qu'il
faut respecter, en assurant une bonne décentralisation.
Cette division doit avoir pour base la population. Après y
avoir mûrement réfléchi, voici les divisions administratives
que je crois les meilleures, tant pour satisfaire les besoins
du suffrage que ceux d'une bonne administration :

Après la commune, j'établirais le canton, qui comprendrait
25,000 habitants ; le département qui en comprendrait
300,000, et la province 2,500,000. Je supprimerais ainsi l'arrondissement dont je ne puis entrevoir l'utilité.

La commune serait administrée par un maire, aidé d'adjoints, sous le contrôle incessant d'un conseil municipal
librement élu. Dans une république, le maire doit être élu
par les conseils municipaux ; dans une monarchie, le maire
doit être nommé par le pouvoir, mais choisi dans le conseil
municipal. Dans ce dernier cas, le conseil municipal doit élire
son président et son secrétaire, et c'est sous cette présidence qu'il doit délibérer.

Le canton serait administré par un maire cantonal,
appelé bourgmestre, sous le contrôle d'un conseil cantonal
formé en raison d'un conseiller par mille habitants. Le canton
aurait toutes les institutions actuelles du canton : justice de
paix, recettes des contributions directes et indirectes, de

l'enregistrement, poste, gendarmerie, etc. Il pourrait établir une école professionnelle, un hôpital, un bureau de bienfaisance, etc. En fixant le canton à 25,000 habitants, je supprimerais un millier des cantons actuels, au grand profit des finances. Chacun des titulaires des diverses institutions cantonales, pourraient certainement suffire aux besoins de 25,000 habitants.

Chaque canton nommerait trois membres au conseil général, par le suffrage accumulé. Le nombre des membres du conseil général serait donc de trente-six.

Tout le monde est à peu près d'accord pour supprimer les arrondissements. Mais il ne faut pas se contenter de supprimer les sous-préfets, il faudrait supprimer toutes les institutions actuelles de l'arrondissement. Cette mesure simplifierait l'administration, produirait d'immenses économies, et aurait encore l'avantage de renvoyer à des travaux plus productifs tant de fonctionnaires presque désœuvrés.

Le département, au contraire, serait conservé avec toutes ses institutions ; elles sont certainement suffisantes, même après la suppression de l'arrondissement, si le département est fixé à 300,000 habitants (1). Le département serait administré par un préfet sous le contrôle du conseil général, dont une commission remplacerait le conseil de préfecture appelé à disparaître. Dans une république, le préfet devrait être élu par le conseil général. Dans une monarchie, le préfet doit être nommé par le pouvoir, mais il devrait être pris dans le conseil général. Ce serait le moyen d'empêcher ces scandales

---

(1) Un tribunal de première instance par département serait aussi suffisant, si surtout on étendait les attributions des juges de paix.

d'avocats de Paris qui sont envoyés administrer un département de Basse-Bretagne, pour de là être quelquefois envoyés en Algérie qu'ils ne connaissent nullement.

Le département élirait trois membres à l'Assemblée nationale, et six au conseil provincial. Le nombre des députés serait ainsi de trois cent quatre-vingts à peu près. Je crois que ce nombre de députés constituerait une bonne représentation de la France.

Beaucoup de bons esprits font des vœux pour le rétablissement de la province, qui aurait sa cour d'appel, ses facultés de sciences, lettres, droit, médecine, sa division militaire, son archevêché, etc. Je crois, pour ma part, qu'une bonne décentralisation exige le rétablissement de la province, qui contiendrait 2,500,000 habitants.

Paris, malgré ses erreurs, doit rester la capitale de la France, le siége du gouvernement et de toutes les institutions qui s'y rattachent. C'est le seul moyen de conserver intacte notre unité politique.

Par une bonne décentralisation, on accorderait à la commune tout ce qui est d'intérêt communal; au canton, ce qui est d'intérêt cantonal ; au département, ce qui est d'intérêt départemental ; à la province, ce qui est d'intérêt provincial, et on laisserait au gouvernement central tout ce qui est d'intérêt général. Je désire ardemment cette réforme, qui tout en produisant d'immenses économies assure une représentation nationale régulière.

Le vote doit être éclairé. La tendance d'un pays libre est d'accorder à tout citoyen le droit de suffrage ; mais cette extension doit suivre le progrès des lumières. A défaut d'instruction, l'électeur doit, au moins, avoir une certaine expérience, c'est pour cela que je demanderais que le droit de suffrage ne fût accordé qu'à trente ans aux célibataires et à vingt-cinq ans aux hommes mariés. J'écarterais ainsi du scrutin toute cette partie de la population qui, n'ayant rien à perdre, laisse facilement surprendre sa bonne foi. Cette restriction est d'ailleurs dans l'intérêt de la liberté, qui exige que le vote soit éclairé. Il n'est personne qui ne protestât si l'on faisait voter des enfants. J'avoue cependant que parmi les électeurs actuels que j'écarte ainsi du scrutin un bon nombre est éclairé ; mais en France, pays si chatouilleux au point de vue de l'égalité, il serait imprudent d'établir des catégories d'électeurs. Cette limite d'âge n'a rien d'absolu, elle pourrait être avancée avec le progrès des lumières, car on doit d'autant plus facilement accorder le droit de voter, que l'électeur a plus de raison et d'expérience pour en bien user. Je dirai encore que dans un pays de suffrage universel, c'est une affaire de salut de propager l'instruction.

Le vote doit être sincère. L'électeur ne doit avoir en vue que l'intérêt général, le mérite et la vertu du candidat, son aptitude à remplir dignement la fonction qui va lui être confiée. L'électeur ne doit écouter que sa conscience, qu'il a le devoir d'éclairer.

Tout moyen de fraude et de corruption de la part du candidat doit être sévèrement réprimé. En un mot, le vote doit être honnête. Si le vote est libre, éclairé et sincère, si, en un mot, l'électeur n'a écouté que sa conscience, on peut assurer que l'élu est légitime, car la voix du peuple est bien alors la voix de Dieu. Car, si la conscience humaine, qui est la raison appliquée au discernement du bien et du mal, n'est qu'un pâle reflet de la conscience divine, elle n'est pas moins un reflet fidèle. Si, au contraire, l'élection s'est faite par la corruption et la fraude, si le suffrage n'a été ni libre, ni éclairé, ni sincère, on peut assurer que l'élu n'est point légitime, et que, n'ayant point reçu mission, il ne pourra remplir ses fonctions avec utilité pour le pays. De plus, certain de cette vérité, encore plus vraie, s'il est possible, dans la vie des peuples que dans celle des individus, qu'il ne se fera rien d'injuste sans en recevoir quelques dommages, on peut assurer que cet élu illégitime sera une cause peut-être involontaire, mais certaine, de malheurs et pour lui et pour le pays. S'il y avait plus de foi, combien il y aurait moins d'ambitieux ! j'ai confiance que la France si éprouvée saura enfin comprendre la cause naturelle de ses désastres et la loi surnaturelle qui les a rendus inévitables ; qu'elle retrouvera sa voie et sa prospérité en redevenant honnête et croyante.

Dieu doit encore avoir quelques desseins sur une nation qu'il châtie si cruellement. J'espère qu'il n'y aura plus de fautes, car il y aurait encore de nouveaux désastres, et la France entière pourrait sombrer après Paris. Je ne puis croire la France ainsi rendue à la fin de sa carrière, car elle contient encore trop de vertus.

Dans tout le cours de cet article, on a vu que je préférais le suffrage accumulé à tous les autres modes de suffrage : c'est que le suffrage accumulé seul peut assurer une représentation nationale équitable. Le suffrage accumulé seul aussi, tout en laissant à la majorité la direction des affaires, permet à la minorité d'avoir une juste représentation dans les conseils du pays. Il peut aussi nous débarrasser de ces révolutions périodiques, qui sont toujours faites par cette minorité qui, complétement écartée des affaires, devient nécessairement factieuse. Rien d'ailleurs de plus injuste que ce mode de suffrage, par lequel une idée qui serait partagée par les cinq dixièmes de la population, peut n'avoir aucun représentant. Rien aussi de plus impolitique. Un gouvernement a tout intérêt à laisser se produire toutes les idées. Il y prendra ce qui est bon, repoussera par une libre discussion ce qui est mauvais, sinon, on voit les idées les plus fausses couver dans l'ombre, trouver d'autant plus de crédit dans les masses, qu'elles se présentent comme persécutées. Leurs partisans seront les soutiens de toute révolution. Je suis tellement convaincu des avantages du suffrage accumulé, que je n'ai pas hésité à demander des divisions administratives, qui le rendent facilement pratiquable.

DE LA LIBERTÉ

L'homme est libre, il est libre contre Dieu même. Cette vérité n'est contestée que par d'aveugles matérialistes, qui regardent l'homme soumis, comme la pierre, aux lois nécessaires de la nature, ou par des fanatiques impies, qui font de l'homme une machine que Dieu conduit comme il veut. De ces deux doctrines, qui toutes deux conduisent au fatalisme, et par là à l'impuissance, la première est très-répandue dans les villes, la seconde l'est surtout dans les campagnes. Une fausse science, basée sur une interprétation absurde de phénomènes naturels, a accrédité la première forme de fatalisme dans les villes ; une fausse foi, basée sur une interprétation absurde de la toute-puissance de Dieu, a accrédité la seconde dans les campagnes. Et cependant qu'est-ce qu'un peuple qui ne croit même plus à la liberté ? Certes il n'a pas notion du droit ni du devoir. Si ces erreurs trouvent du crédit, c'est qu'on ne sait pas ce que c'est que la liberté, qui est souvent confondue avec la licence. Quelques considérations sur la liberté ne seront donc pas déplacées ici.

Dieu en donnant à l'homme ses facultés lui en a laissé le libre usage sous sa responsabilité. Il lui a même fait un devoir de s'en servir et de les développer, car il lui demandera compte du talent qu'il lui a confié. Notre liberté étant ainsi d'origine divine doit être sacrée, tant que nous n'en faisons pas un usage nuisible. Essayer d'enchaîner la moindre de nos facultés, d'attenter à une seule de nos libertés, serait plus qu'un crime, ce serait encore une impiété. N'est-ce pas d'ailleurs par la liberté que la société, comme l'individu, peut acquérir son légitime développement, la vraie grandeur et la vraie force ! Il est vrai, il faut aussi le reconnaître, que notre liberté, comme toutes nos facultés, comme d'ailleurs tout ce qui est humain, est limitée et imparfaite. Notre liberté est limitée en raison de notre puissance. En effet, si nous pouvons librement nous servir des facultés que nous avons, nous ne pouvons nous servir de facultés que nous n'avons pas. Dieu seul est complétement libre, parce qu'il est tout-puissant.

Notre liberté est encore imparfaite, puisque nous pouvons faire le mal. Dieu qui est parfaitement libre ne peut faire le mal. Ce pouvoir de faire le mal, loin donc d'être un accroissement de notre liberté, n'en est qu'une imperfection. Le pouvoir de faire le mal ou la licence est le contre-pied de la liberté. L'homme qui fait le mal est un esclave. L'homme le plus vertueux est encore le plus libre. Cette notion est aussi vraie dans la vie des peuples que dans la vie des individus. Ces considérations bien comprises, il m'est maintenant facile de donner une bonne définition de la vraie liberté : *La liberté est le droit de nous servir librement de nos facultés pour le bien.*

Les libertés sont de quatre sortes : individuelles, sociales, municipales et politiques. J'ai déjà réclamé les libertés munipales ; dans un autre article, je réclamerai les libertés politiques. Je me contenterai donc ici de présenter quelques courtes considérations sur les libertés individuelles et sur les libertés sociales. La liberté individuelle est le droit qui appartient à tout homme de disposer comme il entend de sa per-

sonne, de son travail et de ses biens. Nos lois ont beaucoup
à se modifier sur la prison préventive, les perquisitions domi-
ciliaires et le droit de tester. Les libertés sociales consistent
dans le droit de se réunir et de s'associer librement, pour
prier Dieu, parler de sciences, d'intérêts, fonder des écoles,
des industries, etc. C'est d'ailleurs par l'association que les
hommes apprennent à se connaître, et par là à s'aimer, par
un échange réciproque de services rendus. C'est l'association
qui multiplie les forces individuelles par l'union. Tout gouvernement doit garantir ce droit, il a seulement le devoir de connaître le but et les règles de l'association, pour pouvoir arrêter dans leur germe les associations dangereuses. S'il est du
devoir du gouvernement de donner la liberté et même protection aux associations utiles, il n'est pas moins de son devoir
d'empêcher les associations de malfaiteurs.

D'ailleurs, refuser à un peuple le droit naturel d'association,
n'est-ce pas provoquer l'établissement de ces sociétés secrètes,
qui, comme la Franc-Maçonnerie et l'Internationale couvrent
l'Europe de désordres et la France de ruines? N'est-il pas
insensé de repousser les associations légales qui sont toujours
utiles, et de laisser s'établir les sociétés secrètes, qui ne
peuvent être que dangereuses?

Il n'y a que ceux qui font le mal à craindre la lumière. Et
ce qui n'est pas moins insensé, c'est de voir tous nos législateurs arguer du mal que font celles-ci, pour repousser le
bien que pourraient faire celles-là. Nos législateurs com-
prendront-ils enfin qu'ils ne peuvent toucher à nos libertés,
sans nuire à l'intérêt général? Il nous faut la liberté; c'est
d'elle d'ailleurs que naissent les idées de responsabilité et de
devoir. Elle seule donne à l'individu toute sa force, en lui
montrant sa dignité. Plus j'ai réclamé avec véhémence les
droits de l'homme, plus je me sens à l'aise pour lui parler de

ses devoirs. L'homme a à remplir ses devoirs envers Dieu, envers lui-même et envers ses semblables. La société civile ne peut forcer à l'accomplissement des devoirs envers Dieu ni même envers nous-mêmes. Ainsi elle ne peut nous forcer à aller à confesse ou à la messe, ni même nous punir pour ce crime odieux contre nous-mêmes, l'ivrognerie, la masturbation, etc., tant que nous ne devenons pas un sujet de scandale ou un attentat à la pudeur d'autrui. Les devoirs envers nos semblables sont de deux sortes : il y a des devoirs de justice, qui consistent à ne pas nuire à autrui ; des devoirs de charité qui consistent à lui faire du bien. Les devoirs de justice envers nos semblables sont seuls du domaine de la société civile. Les autres sont du domaine de la conscience et de la religion ; la société doit en encourager, mais n'en peut exiger l'accomplissement. Le rôle de la société civile, dans un gouvernement libre, devant se borner à exiger l'accomplissement des devoirs de justice envers nos semblables et seulement à encourager l'accomplissement des autres, il est facile de se faire une idée du grand rôle qu'est appelée à exercer la religion sous un gouvernement libre ; et on peut aisément se convaincre qu'il ne peut exister de société sans religion. Il y a cependant encore dans toute société des devoirs conventionnels établis dans un intérêt général, auquel personne n'a le droit de se soustraire, à cause même de l'utilité que l'individu lui-même est appelé à en retirer. Après avoir parlé de nos droits et de nos libertés, j'ai voulu aussi dire quelques mots sur nos devoirs, ces deux idées de droit et de devoir devant toujours marcher de front.

Essayons d'établir un gouvernement qui puisse les faire respecter.

DU GOUVERNEMENT

Il est reconnu par tout le monde que le gouvernement actuel n'est que provisoire. Il faut que le pays songe bientôt à se donner un gouvernement définitif. Le provisoire ne peut être longtemps prolongé, si bon qu'il soit, sans détriment pour notre crédit et encore plus pour notre politique. Ce droit appartient à la Chambre, il est de son devoir d'en user, à moins qu'elle n'abandonne au pays librement consulté le droit de choisir entre la Monarchie ou la République. Cette idée d'un appel à la nation, qui me répugnerait s'il s'agissait de choisir un souverain ou un président, me semble même la manière la plus digne de sortir du provisoire. Persuadé que le pays opterait pour une monarchie, je vais essayer d'établir les principes qui doivent guider dans l'établissement d'une monarchie dans un pays libre. C'est aussi la forme de gouvernement qui convient à la France; pour assurer la liberté, il faut un pouvoir fort et stable pour la faire respecter. Si on y fait attention, on se convaincra même facilement que le rôle du pouvoir consiste presque uniquement dans la défense de nos droits et de nos libertés. S'il en est ainsi, il ne devrait se trouver que des coupables et des factieux à chercher l'affaiblissement du pouvoir. J'ose donc encore le répéter, plus je tiens aux libertés, plus je veux le pouvoir fort, légitime et respectable. Je désire donc l'établissement d'une monarchie constitutionnelle, qui consiste dans : *un roi, gouvernant par*

*des ministres responsables, suivant une constitution faite
par le pays et consentie par le roi, sous le contrôle incessant
de deux Chambres.*

Le chef de l'Etat en France doit être un roi. J'en pourrais
tirer bien des preuves, tirées surtout de notre politique exté-
rieure ; je les tais par patriotisme. Je dirai cependant que le
principe héréditaire pourrait ajouter à notre stabilité, sans
nuire aux libertés plus qu'en Angleterre. J'ajoute même qu'un
seul homme peut être roi en France, c'est le comte de Cham-
bord. Tout autre prétendant ne peut être qu'un président de
la République, de quelque nom qu'on le décore.

N'est-ce pas d'ailleurs insensé de songer à établir la monarchie héréditaire, en violant le principe d'hérédité sur lequel
elle repose ? J'affirme même que toute autre monarchie n'est
pas viable, et la France n'est plus assez forte pour tenter des
expériences. Les d'Orléans eux-mêmes qui peuvent rendre de
grands services à la France, s'ils n'attendaient pas et n'étaient
pas les premiers à reconnaître cette vérité, seraient vite comme
leur père, emportés par la révolution. On ne s'établit pas soli-
dement, lorsque soi-même on donne l'exemple de violer le
principe sur lequel on s'appuie. Je le dis donc avec conviction,
c'est l'antique maison de France qu'il faut rappeler, sinon il
faut maintenir la République. Donc, plus de compromis, la
France en a trop accepté, ils lui ont toujours été funestes. Ah !
je sais qu'il existe bien des préventions contre cette maison,
propagées par l'ignorance et quelquefois par méchanceté,
car les auteurs de tous ces bruits absurdes de priviléges
que la maison de France doit ramener avec elle n'en croient
pas eux-mêmes le moindre mot. Je sais qu'il faudra à ce prince
beaucoup de sagesse pour dissiper toutes ces préventions ; il
aurait même à lutter contre ses partisans les plus fidèles, s'il
ne comprenait qu'il ne peut régner qu'en s'appuyant sur la

France entière, en faisant distribuer les fonctions aux plus di-
gnes sans distinction de parti. D'ailleurs le pays, actuellement
qu'il est en possession de lui-même, n'a-t-il pas le devoir
d'établir les principes sous lesquels il veut vivre, en un mot,
de faire une constitution que le prince ne pourrait violer
volontairement sans déchoir? Non-seulement une constitution
donne des garanties au pays, mais elle ajoute encore à l'autorité du roi, tant qu'il reste constitutionnel. Une bonne constitution doit cependant ne contenir que des principes généraux,
et laisser beaucoup à la législative. Toute constitution doit
être déclarée perfectible et ainsi pouvoir se mettre d'accord
avec les nécessités d'un progrès légitime. Cependant une fois
faite, la constitution ne pourrait être changée que du consen-
tement du roi et des deux Chambres. Ce serait ainsi au sein
même de la constitution que le souverain puiserait sa plus
grande indépendance. Le roi aurait le droit de choisir ses
ministres, mais il devrait les prendre à peu près également
dans les deux Chambres, l'Assemblée nationale et le Sénat.
Les ministres, tout en devant préalablement soumettre leurs
actes au roi, doivent en être déclarés responsables, et devant
le roi qui peut les renvoyer, et devant les Chambres qui
pourraient les mettre en accusation. Le roi serait déclaré
irresponsable. Son autorité, placée au-dessus des luttes des
partis, se trouve ainsi agrandie et serait plus respectable.

Dans un pays libre, il doit y avoir deux Chambres, l'Assemblée nationale et le Sénat. Ces deux Chambres doivent avoir
le droit de faire leurs règlements, de choisir leurs présidents
et les secrétaires. Puisqu'elles sont appelées à exprimer la
volonté nationale, le gouvernement doit laisser toute liberté
à leurs délibérations.

L'Assemblée nationale, formée, comme on l'a vu, par le
suffrage accumulé en raison de trois membres par départe-

ment, se trouverait donc à peu près composée de trois cent quatre-vingts députés. Elle posséderait le droit d'initiative, le vote des lois, le vote de l'impôt et le contrôle des dépenses et des actes du gouvernement, l'examen des pétitions, etc. Quant au vote des lois, je demande qu'aucune loi, sauf le cas d'urgence, ne puisse être votée qu'en troisième lecture, à des intervalles assez éloignés, pour que le pays et la presse puissent les discuter, ne pouvant admettre qu'une loi puisse être discutée par la presse après sa promulgation, car la discuter, c'est porter à la mépriser. C'est encore le moyen de tenir les députés en rapport constant avec leurs électeurs. L'Assemblée nationale doit posséder le vote des impôts ; c'est la plus grande garantie de la propriété. Pas de représentation, pas d'impôts. Personne n'ignore que c'est pour avoir voulu violer ce principe aux Etats-Unis que l'Angleterre a perdu la plus prospère de ses colonies. D'ailleurs ne serait-il pas monstrueux de laisser au prince le droit de lever les impôts à son caprice? Une autre garantie non moins importante de la propriété serait de confier à l'Assemblée nationale le droit de faire des traités de commerce. Et je crois qu'à la honte des protectionnistes et des libres-échangistes, qui perdent leur temps dans des discussions ardentes bien que oiseuses, l'Assemblée nationale saurait trouver par la discussion les vrais principes, qui en France, pays exceptionnellement fertile, doivent guider dans l'établissement des traités de commerce. Je pense qu'elle accepterait vite les principes suivants : laisser libre sortie des produits manufacturés et libre entrée des matières premières ; établir des droits sur l'entrée des produits manufacturés et sur la sortie des matières premières. Tels sont, je crois, les principes qui doivent guider dans les traités de commerce, pour augmenter la richesse et le bien-être des Français, tout en favorisant nos industries et en développant notre outillage, actuellement incapable de lutter avec celui de l'Angleterre, la dernière des nations avec laquelle nous devrions faire des traités de commerce. C'est probablement pour cela qu'on a commencé par elle.

L'Assemblée nationale peut quelquefois laisser surpendre sa bonne foi et se laisser entraîner à voter des lois qu'elle-même ne tarde pas à regretter. Tantôt un discours passionné peut entraîner un vote injuste, tantôt la loi n'est votée qu'à une majorité insignifiante. Dans tous ces cas et bien d'autres encore, qu'il est inutile de citer, il est clair qu'il est bon que la loi puisse subir une nouvelle délibération ; les délibérations de l'Assemblée nationale elle-même seront plus sérieuses par le fait seul de la nécessité d'une nouvelle délibération dans une autre Chambre.

Le droit de cette nouvelle Chambre que j'appelle Sénat consisterait dans le renvoi absolu de toute loi inconstitutionnelle et dans le renvoi motivé à une nouvelle délibération de l'Assemblée nationale de toute loi qui lui semblerait incomplétement étudiée ou insuffisante. Vous me direz que ce mode de faire a existé et que toujours l'Assemblée nationale renvoyait au Sénat toutes ces lois telles qu'elles avaient été votées en premier lieu.

Je dis qu'avec les discussions publiques dans les deux Chambres cela ne peut plus arriver. Cependant pour que le Sénat puisse remplir utilement sa mission, il faut que, par sa composition, il offre toutes les garanties possibles d'indépendance, comme de science et d'expérience. Il ne faut donc pas songer à établir un Sénat dont les membres se recruteraient par l'hérédité ou seraient nommés par le pouvoir. Un tel sénat serait certainement impuissant. Le Sénat, dans notre société française, ne peut être constitué qu'à l'élection, parmi les notabilités du clergé, de la magistrature, de l'Institut, de l'Université, de l'armée, de la marine, en un mot, de tous les corps constitués. C'est pour cela que je voudrais qu'il fût interdit aux membres de ces corps constitués de solliciter toute autre fonction élective. Un certain nombre de siéges devraient être réservés aux notables de l'Assemblée nationale.

Le gouvernement pourrait s'entourer d'hommes éclairés et se former ainsi un conseil d'État; mais ce conseil ne devrait jamais paraître dans la présentation des lois, dont les ministres seuls doivent prendre la responsabilité. En un mot, les conseillers d'État seraient réservés à leur vrai rôle de simples conseillers.

Telle est, à mon avis, la seule forme de gouvernement qui, tout en donnant à la France une administration régulière, peut lui assurer l'ordre et la liberté.

DE LA RELIGION

Le caractère le plus distinctif de l'homme, c'est d'être religieux. Si j'étais appelé à donner une définition de l'homme, je dirais : l'homme est un animal religieux. La définition classique de l'homme, animal raisonnable, est vicieuse ; car si l'homme est le plus raisonnable de tous les animaux, chaque animal possède cependant une raison plus ou moins étendue ; mais aucun animal n'est religieux. C'est que la religiosité est fondée sur un sens particulier à l'homme, sens que j'appellerai sens divin, parce que, en nous donnant les idées premières de causes, d'immensité, d'éternité, d'infinité, de perfection, d'immutabilité, ce sens nous fait sentir Dieu lui-même, l'être qui contient toutes les perfections. Ce sens divin est d'ailleurs le même que les philosophes ont appelé sens inductif, et ils l'avaient trouvé si particulier à l'homme, que quelques-uns ont défini l'homme un animal qui induit, comme moi je dis : l'homme est un animal religieux. C'est le sens le plus élevé de l'homme, c'est le sens qu'ont presque exclusivement écouté les Aristote, les Leibnitz et les Képler, pour faire leurs immortelles découvertes. C'est aussi pour cela que ces hommes, qui ont poussé si loin les données de l'induction, étaient en même temps des hommes très-religieux. Si le caractère religieux est le caractère essentiel de l'homme, la religion est encore le lien le plus fort des hommes appelés à vivre en société. C'est à la religion seule que l'accomplissement de la plupart de nos devoirs est attaché. Le peuple le plus religieux est aussi celui qui sait le mieux user de la liberté. La religion, encore, en rendant sacrée l'idée du devoir, rend facile la soumission aux lois. Il est donc aisé de voir de quel secours est la religion dans le gouvernement des hommes ; je ne crois même pas qu'il puisse exister un peuple d'athées. Mais toute religion a ses ministres, en un mot son église enseignante, que la société civile a tout intérêt à protéger. Je vais ici essayer d'établir quels doivent être, en France, les rapports de l'Église et de l'État. D'abord, personne ne conteste que les deux pouvoirs ne doivent être séparés. En effet, si la religion est asservie à l'État, comme en Turquie, en Russie, en Prusse, et comme elle l'était encore, il y a peu de temps, en Angleterre, elle perd tous ses droits au respect des âmes élevées. Les princes sont toujours tentés d'en faire un instrument de gouvernement et d'en faire la complice des plus détestables entreprises. N'est-ce pas encore au nom de Dieu, qu'il blasphêmait, que l'hérétique Guillaume ordonnait de fusiller ces Français corrompus par une religion qui n'est à ses yeux que superstition ? Les ministres eux-mêmes ne seront-ils jamais tentés de prostituer leur saint ministère pour satisfaire leur vanité ou leur orgueil, en essayant de devenir agréables ?

D'un autre côté, si l'État est asservi à l'Église, ne verra-t-on jamais celle-ci se servir de la force dans un but de propagande, bien qu'en matière de foi la persuasion seule soit légitime. Si Dieu n'a pas voulu nous sauver malgré nous, de quel droit ses ministres pourraient-ils essayer une aussi folle entreprise ? La religion ainsi entourée de la force devient odieuse, quand même elle ne devient pas persécutrice. Si l'Église n'a pas le droit de se servir de la force pour imposer la foi et exercer sa mission de charité, elle a tout intérêt à en rejeter loin d'elle même les apparences. L'État, qui, dans toute société, doit être seul dépositaire de la force, doit à l'Église la liberté. Il est évident que l'État ne doit pas à la religion cette indépendance absolue qui, comme en Amérique, permet au premier venu de fonder une nouvelle religion et qui aurait permis à Fourier d'établir en France ses odieuses doctrines. Si l'État doit à la religion la vraie liberté, il a aussi le droit de se garantir contre la licence, par des lois justes, qui ne peuvent d'ailleurs jamais mettre d'obstacle au légitime développement d'une religion vraie. L'État doit encore assurer à l'Église les moyens d'existence, soit par une dotation, soit en lui laissant le droit d'acquérir. Dans ce dernier cas, le ministre vivra de revenus aléatoires; alors il ne sera pas indépendant vis-à-vis de ses ouailles pour leur reprocher leurs fautes. Puis, ce sera là où il y aura plus besoin de religion, que celle-ci trouvera les plus faibles moyens d'existence. Si les ministres veulent assurer leur indépendance par des acquisitions stables, ne les verra-t-on jamais abuser des derniers moments d'un mourant pour dépouiller les familles? En raison des services rendus, l'État doit à l'Église une dotation, et elle est aussi aisée à légitimer que celle accordée à l'Université, à la magistrature, etc. Pour la religion catholique en France, la dotation par l'État est plus qu'un devoir, c'est encore une réparation. L'État doit une dotation à tous les cultes reconnus. Des fanatiques seuls, confondant la tolérance avec l'athéisme, peuvent crier contre ce gouvernement qu'ils disent athée. Je me contenterai de leur répondre avec saint Thomas lui-même, que l'État n'a pas charge d'âmes. A propos de religion, j'ajouterai que je prépare un ouvrage sur les dogmes chrétiens et tout particulièrement sur le dogme de la Trinité, en m'appuyant sur une étude approfondie des facultés de l'âme, que je diviserai : 1° Forces actives et passives ; 2° volonté ; 3° raison. J'ai soumis le plan de cet ouvrage, il y a déjà plus d'un an, au P. Gratry et à plusieurs membres éminents du clergé des Côtes-du-Nord.

DE L'ENSEIGNEMENT

La France, disons quand même, savante, en perdant le sens religieux, a en même temps perdu tous les principes de la vraie science. La science de l'être et de l'absolu a fait place à la recherche du relatif et du devenir. Tous les animaux deviennent, dit Darwin, et, avec lui, tous les matérialistes. Le singe deviendra homme, dit M. Littré ; l'homme progresse dans son corps et dans son âme, dit M. Pelletan ; l'homme deviendra Dieu, dit M. Renan ; la vérité devient, la justice devient, la morale devient, dit M. Vacherot. Quel devenir ! Moi, j'affirme qu'en perdant le sens religieux, ces messieurs sont devenus bêtes. Pour tous ces hommes, il n'y a plus d'absolu. Il n'y a plus de morale, disent-ils, mais des mœurs ; il n'y a plus de vérité, mais des faits ; il n'y a plus de lois, mais des phénomènes. En un mot, il n'y a dans le monde que du relatif, du contingent, et il ne faut pas l'oublier, de peur d'arracher des larmes à M. Pelletan, du devenir. Il n'y a plus de Dieu. Que penser d'une société où ces absurdes doctrines trouvent facilement crédit, et où leurs auteurs peuvent devenir membres de l'Institut, si ce n'est que cette société a perdu le sens moral comme le sens religieux ? Si de telles maximes peuvent s'étaler et être applaudies en haut lieu, faut-il s'étonner des fruits qu'ils doivent nécessairement produire dans le peuple. Pour dissiper toutes ces erreurs, je serais heureux de développer ici la vraie notion de l'être, démontrer par la raison l'immutabilité de l'espèce, faire voir qu'aucun être, quel qu'il soit, ne peut et ne deviendra jamais un être même de l'espèce la plus rapprochée, de démontrer que toutes les lois de la matière comme de l'intelligence sont absolues et jamais contradictoires ; que, par exemple, si on découvre les lois de la chimie par l'expérience, on peut aussi les prouver par la raison qu'il n'y a pas de lois d'exception, qu'il n'y a contradiction nulle part dans l'œuvre de Dieu, mais partout une parfaite unité ; que la vraie science tend de plus en plus à découvrir ; mais je dépasserais les limites que je me suis imposées en faisant cet ouvrage.

Je ne me suis livré à ces courtes considérations que pour démontrer que l'enseignement doit être religieux ; que loin de chasser la religion des écoles, l'Etat a tout intérêt à l'y faire fleurir. Comment ! on pourrait trop parler à la jeunesse de Dieu, de morale, de vertu, de devoirs ? Certes, je ne ferai pas à nos législateurs l'injure de croire qu'ils pourraient un instant écouter les déclamations de ces malheureux apôtres de l'athéisme, qui, s'ils sont sincères, ne sont que des insensés. Pour développer l'instruction en France, il est du devoir de l'État de rétablir sans retard le concours pour le professorat, et d'exiger des candidats aux fonctions publiques des titres scientifiques sérieux. En redevenant savante, la France redeviendra religieuse, car si peu de science éloigne de Dieu, beaucoup de science y ramène. Il est du devoir de l'État de propager en France l'instruction à tous les degrés, mais surtout l'enseignement supérieur, qui est devenu si pauvre, peut-être parce qu'il ne jouit pas de la liberté. L'État doit proclamer cette liberté d'enseignement à tous les degrés. Il n'y a jamais trop d'écoles. Cependant dans les écoles libres, comme dans celles de l'État, le gouvernement doit avoir le droit d'exiger un programme des garanties de science et aussi de les surveiller, afin de pouvoir arrêter dans leur germe des doctrines dangereuses. Si l'État a le droit de forcer le père de famille à instruire ses enfants, inutile de dire que c'est un droit inaliénable de celui de choisir le mode d'enseignement qu'il juge le meilleur.

DE LA PRESSE

L'homme ayant la faculté de penser doit avoir la liberté
de manifester sa pensée, par la presse comme par la parole.
D'ailleurs la presse est tellement aujourd'hui entrée dans les
mœurs, qu'il serait insensé de songer à l'abolir. L'État doit
seulement lui imposer de sages limites. Il est aussi inutile
d'énumérer tous les avantages que retirent de la presse
l'individu, le gouvernement, la religion, la science, l'indus-
trie, le commerce. Elle est utile à tout gouvernement qui
ne peut vivre que par la publicité et le contrôle; elle empêche
souvent les illégalités, les injustices, par la publicité qu'elle
donne aux actes des fonctionnaires. Elle est aussi appelée à
détruire dans leur source une foule d'abus, que sans elle la
justice pourrait rarement atteindre. Si l'utilité de la presse
est incontestable, on ne doit pas non plus ignorer qu'elle
peut quelquefois se laisser entraîner à commettre toute sorte
d'abus, qu'il est du devoir de réprimer. Je vais encore essayer d'expliquer en quelques lignes le régime qui convient
à une presse digne, n'ignorant pas que la presse en France
n'a connu jusqu'ici que l'oppression la plus absolue comme
sous le premier empire, ou la licence la plus effrénée comme
dans les dernières années du second ou sous la République
de 1870, sous laquelle cependant la mauvaise presse sem-
blait avoir quelques priviléges. D'abord il est évident que la
presse ne peut être ni utile ni sérieuse, si elle n'est libre.

Chacun sait le peu de respect qui entoure les journalistes officieux et le peu de crédit qu'ils trouvent dans le pays, et même l'horreur qu'ils inspirent s'ils sont vendus à l'étranger. D'un autre côté, l'État ne peut tolérer cette licence, que par simple respect d'eux-mêmes; les journalistes devraient s'interdire, s'ils étaient plus instruits et aussi plus accoutumés à la liberté, s'ils s'étaient fait une idée plus juste de leur responsabilité. Ce que je demande pour la presse, c'est qu'on lui impose de sages limites, en dehors desquelles elle soit complétement libre. Ici comme partout je demande donc encore la liberté sous la loi. D'abord, qu'on mette au-dessus des critiques de la presse nos institutions et nos lois, et on aura plus fait pour le repos et la tranquillité du pays, qu'en décrétant ces misérables entraves qui, comme le timbre et le cautionnement, entravent tout aussi bien la bonne presse que la mauvaise. D'ailleurs, mettre des obstacles matériels à la pensée, n'est-ce pas une absurdité, si on en attend d'autres avantages que ceux du fisc. C'est parce que je ne peux admettre qu'une loi sérieusement étudiée et votée par les représentants du pays et promulguée par le gouvernement puisse être encore abandonnée aux critiques de la presse, que j'ai demandé le vote des lois en troisième lecture, avec la publication de celles-ci dans le *Journal officiel* dès la première lecture; car tout se tient dans un gouvernement bien établi, et on ne peut toucher à aucune liberté sans compromettre les autres. Cette disposition est encore dans l'intérêt de la presse elle-même, qui serait forcée d'être instruite, sérieuse et ainsi utile. Car le journal dont les appréciations seraient trop souvent condamnées par le vote du pays, après une libre discussion, pourrait difficilement trouver des lecteurs. En limitant ainsi le rôle des journaux dans le domaine politique, ce serait encore le moyen de les forcer à s'occuper davantage d'affaires et d'intérêts publics, au profit du pays. Inutile de dire que le journaliste doit être soumis à la loi commune sur l'outrage, la calomnie et la diffamation. Je finirai par une dernière considération : moralisez le peuple, et les mauvais journaux ne trouveront plus de lecteurs.

DE LA JUSTICE

Dans notre pays, il est d'usage de ne jamais parler de la justice sans consacrer quelques lignes à exalter les vertus de nos magistrats. Pour moi, ne voulant pas médire, je garderai le silence. Je ferai cependant remarquer que beaucoup de magistrats, en devenant hommes politiques, ont bien compromis le prestige qui entoure les membres de notre magistrature. Je ne peux donc proclamer trop haut ce principe trop oublié en France. Le magistrat doit être indépendant du pouvoir, mais aussi du peuple. C'est pour cela que je repousse la nomination des magistrats par l'élection. Mais je voudrais aussi qu'il fût interdit à tout magistrat, encore en fonctions, d'accepter aucune place en dehors de la magistrature, même de l'élection, si ce n'est dans le sénat. Le magistrat ne pourrait pas être soupçonné d'adoucir les rigueurs de la loi pour se créer une popularité. D'ailleurs, si l'on n'admettait qu'un tribunal de première instance par département, une cour d'appel par province, les magistrats auraient assez de rendre justice, sans aller solliciter des charges où souvent ils perdent leur prestige. D'ailleurs, s'il est reconnu que sous l'Empire au moins les magistrats qui pourchassaient les fonctions électives ne le faisaient presque toujours que dans l'intérêt de leur avancement, en raison des services qu'ils pouvaient rendre au pouvoir, les magistrats devraient tenir à déserter les

luttes de parti, ne fût-ce que par respect d'eux-mêmes.
J'en dirai d'ailleurs autant, et pour les mêmes raisons, des
généraux ou autres fonctionnaires, qui recherchent les fonctions électives. Leur devoir les appelle ailleurs, et ce devoir
est assez important pour satisfaire l'ambition de l'homme le
plus désireux de rendre service.

Le magistrat doit être aussi indépendant du pouvoir.
Il doit être inamovible. L'inamovibilité en France ne peut
être absolue comme en Angleterre, où le magistrat ne change
jamais de siége ; elle doit laisser place à un légitime avancement. La nomination ne peut rester d'une manière absolue
entre les mains du pouvoir, car alors l'inamovibilité serait
un leurre ; elle ne doit pas non plus appartenir aux magistrats, car se serait laisser trop de place au népotisme.

Je crois que le meilleur mode de nomination des magistrats est encore celui établi par la Constitution de 1816, qui
consiste à accorder au pouvoir le droit de nommer les magistrats sur une liste de présentation dressée par les magistrats eux-mêmes Je voudrais cependant qu'on y ajoutât
des garanties de science. Ainsi, certaines places ne pourraient
être accordées qu'à des docteurs en droit, et aucun juge,
même un juge de paix, ne pourrait être nommé sans être
licencié en droit. Ce serait le moyen, tout en favorisant le
travail qui moralise et la science qui élève les esprits, de
mettre fin à tous ces scandales de juges de paix nommés
sans qu'ils possèdent la moindre notion de droit, et qu'on
se voit bientôt dans l'obligation de destituer. Quant à l'administration de la justice, c'est de toutes nos institutions
celle que le souffle des idées modernes a le moins touchée.
Il y a là cependant des réformes à opérer. D'abord je voudrais voir étendre les attributions des tribunaux de conciliation ou justices de paix, persuadé que la conciliation est

presque toujours préférable au meilleur jugement. Dans
bien des cas aussi, il serait utile de laisser à l'intéressé le
soin de se faire rendre justice. C'est ce qui a lieu en
Angleterre, où la conciliation est permise dans les plus larges
limites. Et on peut être certain que là où l'intéressé ne ré-
clame pas, la justice peut presque toujours s'abstenir. Je
finirai donc en exprimant le désir que l'idée de répression
laisse une plus large place à l'idée de réparation, justice
d'ailleurs la plus compréhensible des masses. Ce sont des
progrès que doit apporter la civilisation. Comme je l'ai dit,
il y aurait une justice de paix par canton, un tribunal de première instance par département, une cour d'appel par province, et une cour de cassation unique siégeant à Paris.

J'aurais bien des choses à dire sur les prisons, les jeunes
détenus, les vagabonds, les mendiants ; ne pourrait-on pas
y puiser des éléments pour la colonisation de nos posses-
sions lointaines. Les enfants abandonnés pourraient peut-être
aussi être envoyés à leur grand profit dans les colonies, au
lieu de les laisser en France, où, par suite d'absence de direction, ils doivent plus tard fournir à la justice un si large
contingent.

DE L'ARMÉE

Le plus terrible fléau qui puisse atteindre un peuple, c'est la guerre, qui est le moyen de terminer par la force les différents que les gouvernements n'ont pas eu la sagesse d'éviter. La guerre est toujours une grande calamité, même pour le peuple victorieux. Le plus grand bienfait d'un peuple, c'est la paix. Les princes que domine l'esprit de conquête sont des fléaux, qu'ils s'appellent Attila, Napoléon ou Guillaume de Prusse. Il n'y a de bons princes que ceux qui aiment la paix. J'ajouterai même, que si une nation se laisse entraîner à faire la guerre, c'est qu'elle n'est ni libre ni heureuse, et qu'elle est mal gouvernée. La France doit proclamer bien haut son désir de vivre en paix, et si elle n'avait pas à compter avec ses voisins, je lui conseillerais une armée très-réduite. Mais si l'on considère que, dans les pays voisins, les princes ont un droit absolu sur la vie de leurs sujets, qu'ils peuvent à leur gré lancer dans toute espèce de guerre que leur conseille l'ambition ou seulement la vanité, on se convaincra facilement qu'il faut à la France une puissante armée. Dieu sait avec quelle légèreté inqualifiable la famille royale de Prusse, dont toutes les étapes sont marquées dans le sang, recherche les occasions de faire la guerre, comme le brigand cherche une proie facile sans se soucier des droits violés. N'est-ce pas un de ses principaux ministres qui a osé proclamer cet infâme principe, jeté comme un défi au monde civilisé, *la force prime le droit*. Une nation qui proclame de tels principes ne doit reculer devant aucun moyen, même le plus immoral, pour arriver à son but, et je ne serais pas étonné d'apprendre que ce serait d'elle que nous viendrait le principal obstacle du rétablissement de l'ordre intérieur. Et, comme le général Trochu, je ne la crois pas étrangère aux abominables gestes de la Commune. Mais ayons confiance, si ces faits ne sont pas prouvés, ils ne sont pas ignorés de Dieu, qui ne laissera pas une mauvaise action sans châtiment. La Prusse est la plus grande représentation de la force brutale dans le monde ; elle est condamnée à disparaître par la civilisation.

L'Allemagne sera même peut-être la première à secouer la domination despotique de la Prusse, la seule nation qui fasse obstacle au désarmement de l'Europe, qui ressemble actuellement à un camp retranché. Pour qui connaît l'histoire de la famille royale de Prusse, on peut assurer avec certitude qu'elle ne tardera pas à entreprendre une guerre contre l'Autriche, qu'elle fera d'abord envahir par une armée d'espions, destinés à y jeter le désordre et à prendre des renseignements. Tels sont les moyens immoraux dont useront les princes prussiens pour faire massacrer cinquante mille Allemands, sans qu'il leur en coûte à eux une goutte de sang; mais ils pourront peut-être arracher à l'Autriche un lambeau de territoire. Nous verrons encore des princes complices de ces infâmes procédés, jurer que l'Autriche a seule tort. Quoi qu'il en soit, il faut que la France se tienne prête à venger ses affronts, en défendant l'Autriche, en vertu du principe juste de la solidarité des peuples, qui a été oublié pour faire place au principe absurde de l'abstention, qui n'a pu devenir une réalité que grâce au peu de perspicacité des souverains européens.

La France devra prendre hardiment parti pour l'Autriche, dût-elle avoir contre elle la Russie, pays encore peu civilisé (1). L'Angleterre sera hésitante, prête à se tourner du côté du plus fort ; d'ailleurs grâce à la politique de M. Gladstone, ami de Bonaparte, l'influence de l'Angleterre est devenue presque nulle en Europe. Des législateurs qui écouteraient les conseils de ceux qui, sous prétexte d'économies, demandent la réduction de l'armée, ne tarderaient certainement pas à regretter leur imprévoyance, car si la guerre de la Prusse avec l'Autriche est inévitable, elle sera cependant d'autant plus retardée que notre armée sera plus puissante. D'ailleurs cette guerre ne sera pas entreprise tant que l'Alsace et la Lorraine insoumises pèseront autant au pied de la Prusse. Je sais encore que la Prusse demandera à l'Italie un secours actif en lui promettant une part dans les dépouilles, mais je ne crois pas le roi d'Italie assez peu sensé pour risquer son crédit financier pour l'appât de quelques lieues de territoire. La France dans tous les cas doit songer à constituer une puissante armée.

Ma pensée n'est pas de m'occuper de l'organisation intime de l'armée, je sens trop mon incompétence ; je vais seulement établir les principes sur lesquels elle doit reposer. D'abord le service doit être obligatoire pour tout Français, pendant un temps suffisant pour apprendre le métier des armes, excepté pour les jeunes gens qui se destinent à l'enseignement ou au sacerdoce. Des dispenses pourraient cependant

---

(1) Je doute cependant que l'empereur de Russie consente encore à servir platement les ambitions de son parent Guillaume, et à être toujours la dupe des ruses de M. Bismark, ministre qui a pu se faire un piédestal d'habileté en Europe, en exploitant au profit de la Prusse un certain reste de loyauté, qui existait encore dans les négociations diplomatiques; mais grâce à lui, il n'y a plus de loyauté chez les princes.

être accordées en temps de paix à certains jeunes gens qui, justifiant d'une instruction militaire suffisante, acquise même en dehors de l'armée, se destinent aux carrières libérales, par exemple à la médecine. La première guerre sera terrible ; il faut que la France se tienne prête à pouvoir lever et armer en quelques jours quinze cent mille hommes instruits et capables de marcher à l'ennemi, si nous ne voulons pas que notre pays soit le théâtre de la guerre. On ne pourra jamais atteindre ce but que par l'organisation de l'armée par province. Il faut aussi que nos chemins de fer soient construits de manière à pouvoir transporter promptement ces troupes à la frontière de tous les points du territoire. Chaque province doit former un corps d'armée avec son artillerie, son génie, sa cavalerie et son infanterie. Chaque province assurerait la défense de son territoire. Les provinces frontières, même en temps de paix, seraient bien pourvues de toute l'artillerie nécessaire à la défense. Des dépôts d'armes de toute sorte seraient établis dans le voisinage.

L'armée serait divisée en armée active et armée de réserve. L'armée active comprendrait tous les jeunes gens depuis vingt à vingt-cinq ans, et tous les célibataires ou veufs sans enfants jusqu'à trente ans. L'armée de réserve comprendrait tous les hommes valides, non compris dans l'armée active, jusqu'à quarante ans.

Au premier signal de guerre avec un ennemi puissant, tous ces hommes devraient être levés, l'armée active envoyée à la frontière, l'armée de réserve dans les camps d'instruction, d'où on les enverrait combler les vides de l'armée active, en envoyant d'abord les hommes jusqu'à trente ans, puis jusqu'à trente-cinq, et enfin jusqu'à quarante ans. Il va sans dire que tout soldat pourrait devancer l'appel, pourvu qu'il eût l'instruction militaire suffisante. Il pourrait y avoir en plus une armée nationale, formée par engagement volontaire, et composée surtout d'artillerie et de cavalerie.

L'instruction du soldat se ferait principalement dans des camps. Ce serait le moyen d'empêcher la corruption de la vie de garnison et les maladies de toute sorte qu'elle occasionne. L'instruction des officiers et même des sous-officiers devrait aussi se donner dans des écoles. Ainsi je voudrais que tout officier nouvellement promu à un grade, au moins jusqu'au grade de commandant, allât passer une année dans une école. A la fin de l'année scolaire, il passerait un examen d'aptitude au grade supérieur ; en temps de paix, nul ne pourrait avoir d'avancement sans avoir satisfait à cet examen. Celui qui échouerait dans l'examen, pourrait passer de nouveau cet examen l'année suivante, et même pourrait être admis à passer une nouvelle année à l'école, si, par ailleurs, ses notes étaient bonnes.

Le soldat ne doit jamais être un homme politique. Il est le bras du pays, il ne peut prétendre en être la tête.

Le soldat étant destiné à combattre l'étranger, aucun gouvernement ne peut en faire un agent de police, sans le démoraliser et le dégrader. Si le pays a besoin de son secours contre un ennemi intérieur, c'est au pays lui-même, par l'organe de ses représentants, qu'il appartient de le réclamer.

Tout soldat qui accepterait d'un despote quelconque de marcher contre les représentants du pays, serait un traître. S'il ne nous faut pas d'armées révolutionnaires, il ne nous faut pas non plus d'armées prétoriennes. La nomination des officiers ne doit dans aucun cas être faite à l'élection, elle doit appartenir au pouvoir, qui choisira sur une liste de présentation dressée par les officiers eux-mêmes.

Le mépris de la vie humaine est le signe le plus certain

de la décadence d'une nation. Dans la guerre même, un officier doit prendre le plus grand soin de la vie de ses hommes. Ainsi un officier ne devra jamais attaquer de front une position qu'il pourra tourner, ni prendre par l'assaut une place qu'il pourra réduire par la famine, sans compromettre les autres opérations militaires. La guerre ainsi faite présente peut-être un caractère moins chevaleresque et convient mal à la *furia* française, mais celle-là seule cependant est honnête.

Le soldat d'une nation civilisée doit même respecter la vie et les biens de son ennemi : son but ne doit pas être de le tuer et de le voler ensuite, mais de le mettre en état de ne plus nuire. Ainsi il doit protection et secours à un ennemi blessé et désarmé. Tels sont les principes qu'on ne peut trop enseigner au soldat.

Si la morale dit qu'il n'est pas permis de faire un seul mensonge, même pour sauver l'univers, quelle excuse pourraient apporter des soldats qui tueraient ou voleraient un ennemi désarmé, lorsqu'il n'a d'autre crime à expier que l'honneur de défendre son pays. Il est inutile de dire à nos ingénieurs militaires que notre système de défense est complétement à refaire, à cause de l'établissement de nos chemins de fer.

Ici se termine mon programme, qui consiste à indiquer simplement des idées qui me paraissent justes, en prenant soin d'en écarter toute vaine phraséologie, voulant qu'elles apparaissent toutes nues à mes lecteurs. Nos représentants, s'ils lisent cette brochure, sauront en tirer ce qu'il y a de bon et de véritablement pratique. Laissons-là les faits qui divisent pour songer aux principes qui unissent.

Paris. — Imp. Paul DUPONT, rue Jean-Jacques-Rousseau, 41. — 1428.6.1

www.ingramcontent.com/pod-product-compliance
Lightning Source LLC
Chambersburg PA
CBHW061233030726
47595CB00004B/1516